MINISTÈRE DE L'INSTRUCTION PUBLIQUE ET DES BEAUX-ARTS

HISTOIRE ET DESCRIPTION

DE L'ÉGLISE

DE

SAINT-AMBROISE

PAR

M. L. MICHAUX

MEMBRE DE LA COMMISSION DE L'INVENTAIRE GÉNÉRAL DES RICHESSES D'ART DE LA FRANCE

Prix : 1 franc

PARIS

LIBRAIRIE PLON

E. PLON, NOURRIT et Cⁱᵉ, IMPRIMEURS-ÉDITEURS

RUE GARANCIÈRE, 10

ÉGLISE

DE

SAINT-AMBROISE

ÉGLISE

DE SAINT-AMBROISE

L'église Saint-Ambroise, située dans le onzième arrondissement, a été consacrée au culte catholique en 1869.

Elle a remplacé l'ancienne église du même nom, qui avait été construite en 1659 pour servir de chapelle aux Annonciades du Saint-Esprit de l'Hôtel-Dieu Saint-Nicolas de Melun, lesquelles étaient venues s'établir en 1636 à Popincourt, dans une maison acquise du sieur Euvèrte Angran, par contrat du 12 juillet 1636. Dès 1769, ces religieuses furent obligées d'aliéner peu à peu tous leurs biens, et, en 1781, elles durent vendre leur maison et leur église. MM. Perrot de Chézelles, de Blosseville et Valentin se portèrent acquéreurs, et, pour tirer parti de l'emplacement, ils firent tracer plusieurs rues, dont deux seulement furent conservées : la rue Saint-Ambroise et la rue de Beauharnais. Cette dernière fut seulement tracée ; une décision ministérielle du 9 octobre 1818 l'a supprimée.

La chapelle, devenue propriété nationale, fut vendue le 2 prairial an V, et érigée vers 1802 en seconde succursale de l'église Sainte-Marguerite. Elle fut enfin rachetée par la ville de Paris, le 31 août 1811, restaurée et agrandie par Godde, architecte, et bénite le 15 novembre 1818. Sa superficie était de 883 mètres.

Cet édifice, qui n'offrait du reste aucun intérêt au point de vue de l'art, a été démoli en 1869, lorsque la nouvelle église construite par M. Ballu, architecte, put être livrée au culte.

Il contenait une statue de saint Jean-Baptiste, par GUICHARD, placée en 1819 dans la chapelle des fonts baptismaux ; trois statues de CAILLOUETTE : la Vierge immaculée, au-dessus de l'autel de la chapelle de la Vierge (1825), la Foi et l'Espérance, à gauche et à droite du maître-autel (1827 et 1829) ; deux tableaux de l'école de MIGNARD : Ecce homo et sainte Madeleine ; un tableau de HALLÉ : l'Annonciation ; un tableau de VAFFLARD : saint Ambroise sauvant un prêtre arien de la fureur du peuple, au-dessus du maître-autel (1819) ; un tableau de LAIR : Jésus portant sa croix, à gauche près du maître-autel (1822) ; un tableau de CHAMPMARTIN : la Fuite en Égypte (1825) ; un tableau de PÉRON : la Résurrection de Jésus-Christ, à droite près du maître-autel (1827) ; des fresques de JOLLIVET, dans la demi-coupole du chœur ; un tableau de JOUY : l'Adoration des Mages (1842) ; un tableau de BIARD : les Saintes Femmes au Tombeau (1843), et un tableau de BOUTERWECK (1847).

Les statues, en très-mauvais état, n'ont pas été conservées ; mais les tableaux ont été repris par la ville de Paris pour être placés dans d'autres églises, au fur et à mesure des demandes, sauf celui de VAFFLARD, qui est actuellement dans la nouvelle église où il décore la sacristie des messes.

L'église d'Issy a déjà reçu la Fuite en Égypte, de CHAMPMARTIN ; celle de Joinville-

le-Pont, l'Adoration des Mages, *de* Jouy. Jésus portant sa croix, *de* Lair, les Saintes Femmes au Tombeau, *de* Biard, la Résurrection, *de* Péron, *sont dans l'église de Notre-Dame de Bercy. Les autres tableaux sont encore déposés dans les magasins de la ville.*

La nouvelle église, dont la façade donne sur le boulevard Voltaire, n'est pas orientée. Elle a dû suivre la direction de la rue Saint-Ambroise, qui la borde d'un côté. Le style adopté est inspiré de l'architecture du douzième siècle ; l'édifice couvre une superficie de 2,900 mètres ; les travaux de construction ont duré six années et coûté 2,217,534 francs 58 centimes.

DESCRIPTION.

EXTÉRIEUR.

FAÇADE PRINCIPALE.

La façade principale comprend, au rez-de-chaussée, un porche élevé de trois degrés au-dessus d'un large perron de deux marches, et ouvert de trois arcades en plein cintre sur la face et d'une arcade semblable sur chaque côté en retour.

Ces arcades, supportées par des groupes de piliers et de colonnettes, sont ornées de rinceaux de billettes et autres ornements de peu de relief. Au-dessus de chacune d'elles, dans les parties de tympans situées sous la première corniche, se trouvent, tant en façade que sur les côtés, deux médaillons sculptés représentant des attributs religieux.

A l'étage du triforium, le porche est couronné par une galerie composée de colonnettes supportant de petites arcades. Cette galerie, aveugle dans la partie centrale correspondant au pignon de la façade, est à jour de chaque côté et elle est surmontée, à chacun de ses angles, d'un pinacle accompagné de quatre colonnettes et coiffé d'une pyramide en pierre.

Un ordre de pilastres flanqués de colonnettes décore le porche : entre les pilastres sont deux figures en pierre de 2^m,10 de hauteur, supportées en encorbellement par des piédouches et surmontées de dés en pierre. Ces figures représentent, à gauche :

Jérémie, par M. F. Taluet, 1866.

A droite :

Isaïe, par M. Alfred Jacquemart, 1866.

Le pignon est également orné d'un ordre de pilastres et de colonnettes entre lesquels sont des figures en pierre de 2^m,10 de hauteur, disposées symétriquement à celles de l'étage inférieur et représentant, à gauche :

Daniel, par M. Travaux, 1866.

A droite :

Ézéchiel, par M. Cambos, 1866.

Il est percé d'une grande rose en pierre de 5 mètres de diamètre et terminé par un tympan triangulaire surmonté d'une croix en pierre sculptée et flanquée de deux clochetons en pierre supportés par des arcades sur colonnettes.

Cette façade est accompagnée, en retrait de l'épaisseur du porche, de tours carrées à trois étages couronnées chacune par une flèche octogonale en pierre. A la naissance de cette flèche, les quatre angles du carré de la tour sont surmontés de clochetons en pierre à deux étages. Le premier est formé de deux arcades en retour d'équerre avec pilastres ; le second, de forme circulaire, est composé de huit petites colonnes supportant un chapeau conique en pierre sculptée, imitation d'ardoises, terminé par un chou. Entre les clochetons, à la base de la flèche, les faces correspondant à celles de la tour sont percées d'une baie étroite fermée par un ajourage en pierre et flanquée de pilastres supportant un pignon triangulaire.

INTÉRIEUR DU PORCHE.

L'intérieur du porche comprend trois travées correspondant aux trois ouvertures de la façade.

Trois portes dans l'axe des arcades extérieures donnent accès dans l'église.

Chacune des portes est surmontée d'un tympan demi-circulaire dans lequel est une peinture sur lave émaillée.

Au-dessus de la porte de gauche :

L'Éloquence.

Au-dessus de la porte de droite :

La Théologie.

Au-dessus de la porte du milieu :

Saint Ambroise.

Ces peintures ont été exécutées par M. Louis Devers, d'après les cartons de M. Soulacroix, 1866.

FAÇADES LATÉRALES.

Les façades latérales se composent, à la suite des tours, et dans la partie correspondant à la nef, de murs avec contre-forts peu saillants.

Au premier étage, des contre-forts avec arcs-boutants vont soutenir la poussée des voûtes de la nef.

Chaque bras de croix est terminé par un grand pignon avec contre-forts aux angles.

Ce pignon est orné, à la hauteur du triforium, d'une galerie formée par des colonnettes à chapiteaux soutenant des arcades.

Il est percé, à l'étage supérieur, d'une grande rose de 5 mètres de diamètre et couronné par une croix en pierre sculptée. A chaque extrémité, le contre-fort est surmonté d'un pinacle plein, en pierre avec fleuron.

Le bâtiment de la sacristie, composé de deux étages, ne dépasse pas la hauteur des bas côtés auxquels il fait suite. Il comprend, à l'entre-sol, les différentes pièces de service.

CHEVET.

Au chevet se trouve une grande abside circulaire correspondant à la grande nef.

Cette abside est flanquée de deux autres plus petites, également circulaires, dont la hauteur ne dépasse pas celle des bas côtés.

INTÉRIEUR.

L'église Saint-Ambroise se compose, à l'intérieur, d'une grande nef, avec bas côtés ; d'un transept, d'un sanctuaire comportant deux travées ; enfin d'une triple abside, dont la partie centrale sert de chapelle de la Vierge, tandis que les deux absides latérales, qui sont la continuation des bas côtés, forment deux chapelles, dédiées, celle de gauche à saint Joseph, et celle de droite à sainte Geneviève.

Chacune des travées, tant du chœur que de la nef, comprend un étage de soubassement se composant d'une arcade en plein cintre supportée par deux grosses colonnes ; un triforium aveugle, percé de trois petites baies avec colonnettes et arcatures, et un étage supérieur percé d'une baie plein cintre.

Contre le mur intérieur de la façade principale est la tribune des orgues, qui occupe toute la profondeur du porche extérieur. On y accède par de petits escaliers en pierre ajourée construits dans l'épaisseur du mur, à gauche et à droite de la porte principale.

Le buffet d'orgue en chêne doit être construit par M. Mathérion. L'orgue sort des ateliers de MM. Mercklin et Schutze.

Dans la cinquième travée de gauche est le banc d'œuvre en chêne sculpté, et dans la cinquième travée de droite la chaire à prêcher en chêne à deux montées, couronnée par un abat-voix soutenu par deux petites colonnettes en bois.

NEF.

La nef se divise en travées auxquelles correspondent dans les bas côtés de grandes arcades. Ces arcades sont supportées par des piliers portant les arcs doubleaux de la voûte. Ces piliers sont accompagnés de colonnettes engagées qui soutiennent les arcs de diagonale.

BAS COTÉ GAUCHE.

I. CHAPELLE DES FONTS BAPTISMAUX.

Cette chapelle, de forme carrée, correspond à la première travée de la nef. Elle est prise dans l'étage de soubassement de la tour. Elle est éclairée sur deux de ses faces par quatre ouvertures de 1 mètre de largeur sur 3 mètres de hauteur, garnies de vitraux :

Grisailles, par Raphael Maréchal, de Metz, 1866.

La cuve baptismale, de forme octogonale, est en marbre blanc richement sculpté. Elle est supportée, indépendamment du piédouche du milieu, par huit colonnettes en marbre vert d'Amérique.

Sur quatre des faces de la cuve :

Symboles des quatre Évangélistes, entourés de rinceaux d'ornements.

Les quatre autres faces sont ornées de rinceaux.

Sur le couvercle en cuivre doré et niellé :

Une *croix* avec l'*Agneau pascal.*

II. CHAPELLE DE SAINT-ÉLOI.

Elle se trouve placée dans la quatrième travée. Le fond de la chapelle se termine par trois faces en pans coupés faisant saillie sur le mur extérieur de la façade latérale. L'autel est en pierre avec table supportée par trois colonnettes en marbre rouge à bases et chapiteaux en marbre blanc.

Au-dessus de l'autel, une baie romane portant un vitrail de 1^m,35 de largeur sur 3^m,25 de hauteur :

Saint Éloi. — H. 3^m,25. L. 1^m,35. — Exécuté par R. Maréchal. Metz, 1866.

Le saint, debout, s'appuie sur sa crosse ; il est vêtu d'une chape verte et coiffé d'une mitre de même couleur. Fond jaune niellé.

La deuxième, la troisième, la cinquième et la sixième travée sont percées chacune d'une baie romane ornée de :

Vitraux de couleur, par R. Maréchal. Metz, 1866.

Ces vitraux sont de même dimension que le précédent.

BAS COTÉ DROIT

A droite, la disposition du bas côté de la nef est semblable à celle qui vient d'être décrite.

I. CHAPELLE DU CALVAIRE.

Cette chapelle est prise dans l'étage de soubassement de la tour.

Elle a été décorée aux frais de la fabrique, et est entièrement couverte de peintures d'ornement.

Contre la paroi du fond est une tablette supportée par des colonnettes peintes. Sur cette tablette :

Christ en croix ;

Au pied de la croix, à gauche :

Saint Jean ;

A droite :

La Vierge.

Ces statues sont peintes.

Cette chapelle est éclairée par quatre baies garnies de vitraux :

Grisailles de 1 mètre de largeur sur 3 mètres de hauteur, par R. Maréchal.

Ces vitraux sont semblables à ceux de la chapelle des Fonts baptismaux, 1866.

II. CHAPELLE DE SAINT-DENIS.

Cette chapelle occupe la quatrième travée. L'autel qui la décore est semblable en tous points à celui de la chapelle de Saint-Éloi. Au-dessus de l'autel :

Saint Denis. — H. 3^m,25. —L. 1^m,35. — Verrière par M. R. Maréchal, 1866.

Le saint, debout, chape et mitre vertes, tient une palme dans la main droite et un livre dans la main gauche. Fond jaune niellé.

La deuxième, la troisième, la cinquième et la sixième travée sont percées chacune d'une croisée ornée de :

Vitraux de couleur (mêmes dimensions que le précédent), par R. Maréchal, 1866.

Les piliers des bas côtés de la nef et du transept portent les stations du Chemin de la croix, en métal émaillé et doré, en forme de croix.

TRANSEPT.

Le transept comprend huit piliers, dont quatre pour la croisée et quatre pour les bras de la croix.

Chaque bras de la croix comporte deux travées dont l'une correspond aux bas côtés, tandis que l'autre sert de chapelle.

COTÉ GAUCHE.

CHAPELLE DE SAINT-AUGUSTIN.

On placera très-prochainement contre les parois latérales de cette chapelle deux grandes compositions :

Saint Augustin faisant cesser un usage barbare d'après lequel les pères, les frères et les fils se battaient entre eux pour s'exercer à la guerre ;
Saint Augustin au concile de Carthage réconciliant les catholiques et les donatistes, par J. E. Lenepveu, membre de l'Institut.

Ces deux sujets, commencés en 1872, terminés en 1875, sont peints sur toile ; ils doivent être marouflés sur les murs.

Ils ont figuré, en 1875, à l'Exposition annuelle de la ville, à l'École des beaux-arts.

La paroi du fond est percée, à l'étage du soubassement, de deux baies de 1^m,30 de largeur sur 4^m,80 de hauteur, ornées de vitraux.

A gauche :

Saint Augustin.

Le saint, debout, vêtu de rouge et de blanc, tient un livre ouvert.

A droite :

Sainte Monique.

La sainte, vêtue d'une robe blanche et d'un manteau vert doublé de rouge, est debout les mains jointes.

Chacune de ces verrières porte, dans le haut et dans le bas, un médaillon avec une figure d'ange portant un phylactère.

A la hauteur du triforium, chacune des parois latérales porte trois petites baies garnies de vitraux de couleur, et la paroi du fond six petites baies avec vitraux de couleur.

Enfin, dans la partie haute, le transept de gauche est éclairé, à gauche et à droite, par quatre baies garnies de vitraux en grisaille et correspondant aux travées; et contre le mur du fond est une grande *rose* de 5 mètres de diamètre, portant au centre :

Dieu le Père tenant dans ses mains le monde et le bâton du commandement.

Dans les auréoles extrèmes :

Un concert d'Anges.

Les panneaux intermédiaires sont ornés de légers rinceaux.

Tous ces vitraux sont de R. MARÉCHAL. Metz, 1866.

COTÉ DROIT.

CHAPELLE DE SAINT-AMBROISE.

Le côté droit du transept est identique avec le côté gauche.

M. J. E. LENEPVEU exécute en ce moment deux grandes compositions qui seront marouflées contre les parois latérales de cette chapelle.

Elles représentent :

Saint Ambroise, évêque de Milan, livrant les vases sacrés de son église pour racheter des prisonniers;
Saint Ambroise interdisant l'entrée du lieu saint à l'empereur Théodose, coupable du meurtre des habitants d'Antioche (1875).

Les deux vitraux de l'étage du soubassement représentent, à gauche :

Sainte Élisabeth.

La sainte, couverte d'une robe blanche et d'un manteau bleu doublé de violet, couronne en tête, tient une quenouille.

A droite :

Saint Martin.

Le saint, vêtu de rouge et de blanc, tient le saint ciboire.

Chacune de ces verrières porte dans le haut et dans le bas un médaillon avec une figure d'ange portant un phylactère.

La grande rose porte au centre :

Jésus-Christ jugeant le monde.

Dans les auréoles extrèmes :

Un concert d'Anges.

Les panneaux intermédiaires, de légers rinceaux.

Les autres baies sont garnies de vitraux d'ornement en couleur et en grisaille.

Toutes ces verrières ont été exécutées par M. R. MARÉCHAL (1866).

CHŒUR.

Le chœur comprend deux travées semblables à celles de la nef. Il est élevé de trois marches au-dessus du sol de l'église et fermé, du côté de la nef, par une grille de communion, peinte et dorée, en fer forgé et tôle découpée.

De chaque côté, contre le pilier de la croisée, est un ambon en pierre, servant d'épistolier, avec incrustations de marbre rouge et de marbre vert.

Le maître-autel, élevé sur trois marches, est placé dans l'axe de la seconde travée. Il est en liais peint et doré. La table est supportée par six colonnettes en marbre avec chapiteaux et bases en cuivre doré.

Le retable, également en pierre peinte et dorée, porte en bas-relief six petits anges dorés sous des arcades. Le tabernacle est en cuivre doré, incrusté de pierreries.

Au-dessus du retable est une exposition en cuivre doré, accompagnée de chaque côté par trois chandeliers de même métal.

L'autel est placé sous un riche ciborium peint et doré ayant la forme d'une grande arcade avec pignon, supportée par quatre grosses colonnes en marbre. De chaque côté de ce ciborium est un grand candélabre en bronze doré.

Derrière l'autel est le petit orgue d'accompagnement.

Dans les travées des bas côtés du chœur sont les portes des sacristies.

CHAPELLES DE L'ABSIDE.

Derrière le chœur, une travée formée par des piliers garnis de colonnettes sépare l'abside du reste de l'église.

I. CHAPELLE DE SAINT-JOSEPH.

Cette chapelle se trouve placée à la suite du bas côté de gauche. Une arcade en plein cintre y donne accès. A droite, une arcade semblable fait communiquer cette chapelle avec la chapelle de la Vierge.

L'autel qui décore cette chapelle est surmonté d'une statue :

Saint Joseph. — Pierre peinte et dorée. — H. 1ᵐ,50.
Par M. CHATROUSSE, 1866.

Quatre croisées, de 1ᵐ,20 de largeur sur 3ᵐ,15 de hauteur, sont ornées de vitraux à figures :

Le Mariage de la Vierge.
La Fuite en Égypte.
Les Travaux de saint Joseph.
La Mort de saint Joseph.
   Signés : R. MARÉCHAL. Metz, 1866.

Ces sujets sont encadrés dans des médaillons sur fond violet, alternant avec un fond vert. Chacune des verrières porte dans le haut et dans le bas un médaillon avec une figure d'ange.

Les parois de cette chapelle sont couvertes de peintures d'ornement.

II. CHAPELLE DE SAINTE-GENEVIÈVE.

Cette chapelle, qui termine le bas côté de droite, est semblable, comme disposition et comme décoration, à la chapelle de Saint-Joseph.

Au-dessus de l'autel :

Sainte Geneviève. — Statue en pierre peinte et dorée. — H. 1ᵐ,50.
Par M. LOISON, 1866.

Les sujets qui garnissent les médaillons des quatre verrières sont relatifs à quatre épisodes de la vie de la sainte :

Sainte Geneviève gardant les moutons.
Consécration de sainte Geneviève.
Sainte Geneviève recevant la mission de sauver Paris.
Mort de sainte Geneviève.

Dans le haut et dans le bas, des médaillons avec figures d'anges.

III. CHAPELLE DE LA SAINTE-VIERGE.

Cette chapelle occupe l'abside proprement dite, de forme circulaire. Elle est divisée en sept compartiments par des colonnettes allant soutenir les arcs de la voûte.

Au-dessus de l'autel :

La Vierge assise, tenant l'Enfant Jésus. — Groupe marbre. — H. 1ᵐ,60.
Par OUDINÉ, 1866.

L'intérieur des arcades du soubassement est décoré de peintures d'ornement. Les fenêtres, de 1ᵐ,40 de largeur sur 3ᵐ,85 de hauteur, portent des vitraux sur lesquels on a figuré, à gauche :

L'Immaculée Conception.
La Naissance du Christ.
La Mort de Jésus-Christ.

A droite :

L'Annonciation.
La Présentation au Temple.
La Mort de la Vierge.

Dans la fenêtre centrale, au-dessus de l'autel :

La Vierge et Jésus-Christ dans le ciel.

Tous ces sujets sont encadrés dans des médaillons sur fond rouge alternant avec un fond bleu. Chaque verrière porte dans le haut et dans le bas un médaillon avec une figure d'ange.

Les vingt petites fenêtres de l'étage du triforium sont garnies de vitraux de couleur. Dans la partie haute, la première fenêtre à gauche porte une verrière en grisaille.

Les deux suivantes :

Deux Évangélistes.

La quatrième :

Saint Pierre.

A droite, la première fenêtre porte une verrière en grisaille.

Les deux suivantes :

Deux Évangélistes.

La quatrième :

Saint Paul.

Fenêtre en face :

Jésus-Christ dans sa gloire.

Toutes ces verrières sont de M. R. MARÉCHAL, 1866.

VITRAUX.

La grande rose de 5 mètres de diamètre de la façade principale porte au centre :

La Colombe symbolique.

Dans les auréoles extrèmes :

Anges en prière.

Les panneaux intermédiaires sont ornés de légers rinceaux.

Les deux baies latérales de la tribune des orgues, les douze de la nef et les six du chœur portent des vitraux en grisaille. Toutes ces baies mesurent 1^m,40 sur 3^m,85.

Ces verrières sortent des ateliers de R. Ma-réchal. 1866.

SACRISTIE DES MESSES.

La sacristie des messes est ornée d'un tableau commandé par la ville de Paris :

Saint Ambroise sauvant un prêtre arien de la fureur du peuple. — Par Vafflard. 1819.

Ce tableau servait de retable au maître-autel de l'ancienne église Saint-Ambroise. Salon de 1819.

L. MICHAUX,
MEMBRE DE LA COMMISSION.

Paris, 1er *février* 1876.

TABLE

DES NOMS MENTIONNÉS DANS LE FASCICULE

Nota. — L'abréviation *arch.* signifie architecte ; *éb.*, ébéniste ; *gr.*, graveur ; *p.*, peintre ; *sc.*, sculpteur.

INVENTAIRE GÉNÉRAL

DES

RICHESSES D'ART DE LA FRANCE

PUBLIÉ SOUS LES AUSPICES DU MINISTÈRE DE L'INSTRUCTION PUBLIQUE

Et avec le concours de l'Administration des Beaux-Arts

Cette publication ne se bornera pas à cataloguer les chefs-d'œuvre qu'elle aura à signaler; elle en enregistrera le sujet, la nature, l'origine, la date, les proportions, les particularités, la dernière provenance. Dans l'*Inventaire* d'une église, elle mentionnera les tableaux, les statues, les boiseries, le trésor. Dans celui d'un musée, elle relèvera jusqu'à la plus petite esquisse. Dans une bibliothèque, elle étudiera le mobilier, puis, ouvrant les manuscrits ornés de miniatures, elle en dira l'attrait et la rareté. Partout, avant de franchir le seuil d'un édifice, elle apprendra le style, l'âge, les destinations successives du monument.

La publication de l'*Inventaire général des Richesses d'art de la France* est confiée aux soins d'une commission spéciale dont le président et les principaux membres appartiennent à la Direction des Beaux-Arts.

Quatre séries parallèles de monographies sont publiées simultanément :

La Première Série comprend *les Monuments religieux de Paris*;
La Deuxième Série comprend *les Monuments civils de Paris*;
La Troisième Série comprend *les Monuments religieux de la Province*;
La Quatrième Série comprend *les Monuments civils de la Province*.

La Commission de l'Inventaire publie en outre les *Archives du Musée des Monuments français* d'après les papiers d'Alexandre Lenoir, communiqués par son fils, M. Albert Lenoir, membre de l'Institut, et les documents conservés aux Archives nationales, à la Direction des Beaux-Arts, etc. — Le tome Iᵉʳ de cette publication a paru en 1883.

CONDITIONS DE SOUSCRIPTION ET DE VENTE :

Première Édition, papier ordinaire :

  Prix du fascicule. . . . . **5 fr.**
  Prix du volume. . . . . **9 fr.**

Deuxième Édition, papier vélin :

  Prix du fascicule. . . . . **5 fr.**
  Prix du volume. . . . . **15 fr.**

Troisième Édition, *numérotée*, papier de Hollande :

  Prix du fascicule. . . . . **10 fr.**
  Prix du volume. . . . . **30 fr.**

Chaque volume sera publié en *trois* fascicules. Il paraîtra environ *deux* volumes par an.

N. B. — Chacune des monographies contenues dans l'Inventaire général des richesses d'art de la France, tirée à part, forme un cahier spécial semblable au présent fascicule, et peut être vendue isolément.

Une liste détaillée de ces Monographies est en distribution.

BIBLIOTHEQUE NATIONALE DE FRANCE
3 7502 04466826 9